다만 흔들리지 않고

다만 흔들리지 않고

초판 1쇄 발행 2020년 12월 18일

지은이 김도원
펴낸이 장길수
펴낸곳 지식과감성#
출판등록 제2012-000081호

디자인 장흥은
편집 장흥은
교정 오현석
마케팅 고은빛, 정연우

주소 서울시 금천구 벚꽃로298 대륭포스트타워6차 1212호
전화 070-4651-3730~4
팩스 070-4325-7006
이메일 ksbookup@naver.com
홈페이지 www.knsbookup.com

ISBN 979-11-6552-533-0(03810)
값 12,000원

ⓒ 김도원 2020 Printed in Korea

잘못된 책은 구입하신 곳에서 바꾸어 드립니다.
이 책의 전부 또는 일부 내용을 재사용하려면 사전에 저작권자와 펴낸곳의 동의를 받아야 합니다.

이 도서의 국립중앙도서관 출판예정도서목록(CIP)은 서지정보유통지원시스템
홈페이지(http://seoji.nl.go.kr)와 국가자료공동목록시스템(http://www.nl.go.kr/kolisnet)에서
이용하실 수 있습니다. (CIP제어번호 : CIP2020051927)

홈페이지 바로가기

다만 흔들리지 않고

김도훤 지음

충분했던 적이 있었을까
허락된 것은 허기를 채우기엔 늘 아쉬웠고
품고 싶은 것들은 항상 한발 먼저였다.

목차

8	다시
10	신호 대기
12	온통 너였다
14	다만 흔들리지 않고
16	시간의 밀도
18	잊지 말아야 할 것
20	그럼에도 살아내야 하는 이유
22	결핍
24	일방통행
26	불완전한 삶
28	좋은 사람
30	어차피 사랑은
32	상처 입은 나무처럼
34	그리하여 결국
36	사랑할수록
38	시간
40	이상 고온
42	바람 속을 걷다가
44	단감
46	서성거리는 이유
48	그대로의 사랑
50	넘어진 그곳에 꽃이 핀다
52	한 번은 당신을 만났다
54	수신된 전화는 없었다
56	나이가 들수록

58	그대가 바람이었나
60	어떤 이별
62	더는 울지 않기로 했다
64	그대 떠난 자리에
66	아버지
68	두려움
70	생의 흔적
72	엘리베이터 버튼을 누르며
74	새벽안개
76	시간은 흐르고
78	기준
80	동굴
82	배웅
84	온 힘을 다해
86	유배
88	여전히 사랑이라 부른다
90	흔들리고 있었다
92	인연설화1
94	인연설화2
96	유키 구라모토
98	길은 없었다
100	추억의 질량
102	전류리에서
104	그런 것들로 인해
106	바람이 불면

전하는 이야기

나의 삶이 온전히 나에게로 귀결되지 않는 시간
습관처럼 타인을 향해 걸어왔고
그 완성을 위해 시간과 열정을 다 했던 날들

어느 순간 이런 모든 것들에 후회를 느낀다면,

자신의 이야기
가족, 이웃, 동료, 하늘과 바람과 새와 나무…
그 안에서 느끼는 쓸쓸함, 외로움, 고독함, 일상의 행복 그 사소한 모든
것을 온전하게 나를 위해 집중하기 바랍니다
당신의 일상이 다시 당신의 것이길…

다시

충분했던 적이 있었을까
허락된 것은 허기를 채우기엔 늘 아쉬웠고
품고 싶은 것들은 항상 한발 먼저였다

때로는 슬펐던가
가끔은 원망이었던가

지독하게도 내 편이 아닌 삶

그래도 다시
너를 향한 외사랑에 가슴이 뛴다

신호 대기

불빛은 깜박이고
이제 잠시 멈추어야 한다

되돌릴 수 없는 것에 대한 미련과
이미 변해버린 진심,
무심코 지나간 또 하나의 오늘과
불확실한 나날들에 대한 불안도

길을 건너는 동안 희망은 있다

다시 파란불이 켜지면

온통 너였다

가을은 발길에 떨어지고
추억은 어깨에 내려앉는다
흩뿌려진 낙엽은 그리운 얼굴로 찾아와
아련한 뒷모습으로 사라진다

너였던 이가 곁을 스치고
너였던 이가 길을 묻고
너였던 이가 버스에 오르고
너였던 이가 회전문을 연다

겨울은 문 앞에 서 있고
다시 너였던 이가 문을 연다

다만 흔들리지 않고

쉽지 않다고 하는 이야기
가는 길이 다르니
차라리 다른 곳을 바라보라는 충고

어차피 쉽게 이루어본 적 없던 삶

어려운 길이라면 어렵게
힘겨운 길이라면 천천히

다만 쉬지 않고
다만 멈추지 않고
다만 흔들리지 않고
다만 의심하지 않고
다만 주저하지 않고

시간의 밀도

그의 버릇과 습관
사소한 것들에 담겨 있던 미세한 변화
그것을 받아들이며

바람에 물결이 일 듯 그렇게,

그와의 보폭을 맞추고
그와의 감정을 공유하며
서로의 그림자가 얽히는 것

사랑의 부재를 참아낼 수 있는
그리움의 무게를 감당할 수 있는
최소한의 조건

잊지 말아야 할 것

사랑은 나에게서 시작되어
상대방을 향해 가는 것

어떻게 살아왔는지
어떻게 살아가야 하는지
먹먹한 가슴이 메여올 때
육체적인 건강을 먼저 체크해볼 것

마음을 주었던 그에게
실망과 서운함에 눈앞이 흐려질 때
나 자신을 돌보고 아끼며
충분히 기댈 수 있는 든든한 나였는지

남을 위한 삶에 치중하느라
정작 나 자신에게 가장 가혹한 사람이 나였던 건 아닌지

그럼에도 살아내야 하는 이유

강변을 둘러싼 능선 너머
햇살은 다시 삶을 어루만지고
아직도 답을 찾지 못한 어제는
새벽안개 속으로 잠이 든 채

아침은 다시 열린다

바람에 흔들려서야
비로소
존재 이유를 찾는 갈대처럼
시련 앞에 이르러 드디어 용기를 내어 보는 나이지만

그럼에도 살아내야 하는 이유는
바람에 휘청이는 갈대 숲에도 있고
온종일 주인을 기다리는 어린 강아지 검은 눈동자에도 있다

결핍

또래 친구들이 학원으로 향하면
텅 빈 골목에 남겨졌던 어린 시절부터
잘 사는 것에 대한 고민보다는
동경하던 아파트의 웅장함에 짓눌리던 젊음에도

이유를 모르던 허전함에 무겁기만 했던 하루
깊고 고독했던 어느 밤
종일 내리는 비에 헛헛함을 감출 수 없던 가을

그런 것들을 채워가는 것이 사랑이라 했다
그래서 미련했다
그래서 이 사랑은 어리석었다

일방통행

나의 행복이
너의 행복과 연결되지 않으며

때로는
나의 불행이지만
너는 그대로 행복일 수 있다는 사실

그것을 받아들이면서
나는 침묵을 택했다

마음의 일방통행

때때로 너의 역주행을 바라던 건 욕심이었다

불완전한 삶

한 달 내내 이어진 장마,
연이어 들이닥치던 태풍에
여름은 온통 흐렸다

스산한 저녁 하늘이 드리울 때마다
무리 지어 날아가는 새의 뒷모습을 볼 때마다
마당 한편에 상추와 백일홍이 걱정되었다
긴 밤을 점령했던 태풍이 지나고
백일홍은 여전히 붉은 빛이었고
상추는 한 마디가 더 자랐다

부정적인 것들은 보려 하지 않았던
마음만 불안했다

좋은 사람

누군가를 사랑하고
그로 인한 희로애락을 받아들임

'다름'이어서 좋았던 그대
대신할 수 없는 영혼

숫자로 치환되지 않는 사람

어차피 사랑은

어차피 사랑은
Happy ending과 Sad ending

그 사이 어디쯤에서
그대의 삶의 길과 나의 생의 순간이
인연으로 이어졌던 것

신이 정해놓은 그곳에서
마지막인 듯 사랑하고
끝을 견뎌낼 것

상처 입은 나무처럼

이미 기울어진 마음의 끝자락을 붙잡고
더 이상 홀로 설 수 없는 시간들이 더해진다
지독한 편두통 같은 생의 하루,

정리하지 못한 관계와
단념하지 못한 마음과
돌아서지 못한 미련이
상처 입은 나무처럼
삶을 다독인다

그리하여 결국

너의 목소리를 들었고
너의 눈동자를 담았고
너의 미소를 품었다

그리하여 결국
온 생을 그리움으로 채우게 될 것을
이미 알았지만

그럼에도 불구하고
마음의 길은 올곧게도
참 너에게만 이르렀다

사랑할수록

그리울수록 멀어지는 사람이 있다
원할수록 놓아야 하는 사람이 있다
생각할수록 슬픔을 몰고 오는 사람이 있다
사랑할수록 외롭게 만드는 사람이 있다
기다릴수록 영혼을 맑게 하는 사람이 있다

시간

허덕이던 어제의 그리움도
오늘에 이르러 위로의 햇살을 비춘다
새들은 희망을 품고 날고
무지개 얼굴을 내민다

사랑은 고독했고
그리움은 쓸쓸했다
잊음은
비워진 시간 사이마다 채워진다

이상 고온

얼었던 길이 녹는다
회색 거리는 눈부신 햇살
단단히 준비하고 맞은 이 겨울,

예상치 못한 이상 고온에
모든 것들이 새삼스럽다

그대 그렇게 왔고
사랑은 눈이 부셨다

그리고 다시 겨울이다

바람 속을 걷다가

바람 속을 걷다가 너에게 편지를 쓴다
강을 막아선 철조망 사이로
철새들 하염없이 날아들고
가을 끝에 놓인 갈대숲은
잿빛으로 흔들린다

바람에 기대어 살며시 들꽃이 손 내밀면
너는 아름다운 꽃이었을까
나는 그 향기에 마음을 내어주던 바람이었나

바람 속을 걷다가 너에게 편지를 쓴다
괜찮다 괜찮다 괜찮다

단감

아버지의 고향에 벼가 익어갈 때
어머니의 고향에 단감이 열렸다
검은 봉지 가득한 바다가
마대 자루 쌀알에 밀려온다

하루 벌어 하루를 살더라도
절대 가난만은 물려주지 않겠다던
두 사람 주머니에
단감 하나 쌀 한 자루 채워진다

서성거리는 이유

우리가 저녁이면 서성거리는 이유가

길게 늘어진 노을을 보면
왠지 모를 애잔함이 밀려오는 이유가

까맣게 가리워진 밤 하늘 속에서
유난히 빛나던 별 하나를 가슴에 새기는 이유가

오로지
전하지 못한 사랑 때문만은 아닐 것이다

사랑이 끝나고 맞는 공허함
밤이면 멈춰진 시간 속을 되돌아가
마주할 두려움 때문이다

그대로의 사랑

우리는 서로의 언어를 배운 적이 없다
그저 오래 바라봤고
자주 함께였다

내가 내민 손을 덥석 잡았고
밤이 되면 등을 기대고 잠이 들었다
돌아오겠다는 말에 언제나 문 앞을 지켰고
이름을 부르면 고개를 돌려 눈을 맞췄다

그냥 그대로의 사랑,

그와 나의 언어는 그것이면 되었다

넘어진 그곳에 꽃이 핀다

삶에서 반드시 거쳐야 하는
통과 의례 같은 것들이 있었다
대부분 쉽게 넘어가는 그 관문마다
나는 보통의 그들보다 많이 넘어졌고
그래서 다음 차례는 더 머뭇거렸다

거짓말처럼 그 순간마다 희망이 피어났다

한 번은 당신을 만났다

한 번은 당신을 만났다

생을 다해도
한 번 마주침이 허락되지 않는 인연들 속에서

아직도 우리의 만남은 유효하다
그 하나만큼은
신에게 감사하기로 했다

수신된 전화는 없었다

바람이 손끝을 스칠 때면
너에게 전화를 걸었다

바람이 부는 이곳
철새 한 마리 날아들었고
길게 늘어선 코스모스 위로
잠자리 내려와 머물렀다고
밤사이 밀려난 강물은 바닥을 훤히 드러내고
하루 한 번 모습을 드러내는 커다란 바위가 나타났다고

너에게 수신된 전화는 없었다
사랑은 일방적이었고
우리는 언제나 등을 맞대고 있었다

나이가 들수록

해가 거듭되고
나이가 들수록

하루하루 삶은 더 무거웠고
관계의 깊이는 더 좁아졌다
기다림은 조급함을 이기지 못했고
선택은 더 큰 위험을 강요했다
눈물은 가슴을 타고 흘러도
누군가 내미는 손은 쉬이 잡지 못했다

아무도 몰랐다
나이가 들수록 두려움이 커진다는 것을

그대가 바람이었나

계절은 어느 사이
푸른 옷을 벗어 던지고
서둘러 돌아서는 가을 빛
겨울은 강가에 정박한다

남쪽을 향하던 철새 무리
잠시 나무 위에 내려앉으면

떠나간 그대가 바람이었던가
남겨진 내가 나무였던가
잠시 내려앉았던 철새는
그대였던가 나였던가

어떤 이별

사랑이었던 건 아니었다

그대와 공유하던 시간
그 안에 머물던 설렘이 좋았던 것이다
외롭고 쓸쓸한 외길에서
함께 걷고 이야기하는
누군가가 있다는 것이
채워진 무언가가 좋았던 것이다
실상 그것은 바람이어도
아무렇게나 피어난 들꽃이어도 괜찮았다

사랑이라 부르던 모든 것
정작 그대를 향한 헌신보다는
내 안에 비워진 허전함을 채우던 이기심

그것을 깨닫고 그대를 보냈던 것이다

더는 울지 않기로 했다

더는 울지 않기로 했다

오후에 햇살은 너무나 눈부셨고
새벽을 잠식했던 안개는 자취를 감추었다

희망은 한숨 속에서 피어나
길모퉁이에서 꽃을 피웠고
거리는 분주한 이야기로 가득했다

그대가 어디에 있던
나는 오늘의 삶을 살기로 했다

그대 떠난 자리에

그대 떠난 자리에
어느새 잎은 지고
푸른 이야기만 가득합니다
돌아온다는 약속은 믿었지만
기다림으로 또 하루가 저물고
나뭇잎 하나 둘 낙엽으로 쌓여가면

어제는 기다림 이었다가
오늘은 그리움 이었다가
밤이면 눈물로 비를 내렸습니다

그대 떠난 자리에
어느새 꽃은 지고
속절없는 보름달만 가득합니다

아버지

하고 싶은 것들이 많았고
갖고 싶은 것들은 멀었다
어른이 될수록
삶은 점점 복잡해졌고
진심을 다했던 시간이
온전한 결실로 다가 오지도 않았다

당신도 그랬을 것이다

그래서 이제 당신을 미워할 수 가 없다

두려움

희망은 항상 두려움을 동반했고
누구의 손을 잡을 것인지
되묻기를 반복했다

각자의 몫으로 남겨진 선택은
삶의 어귀 마다 깨달음의 거름을 뿌렸고
새싹은 봄이면 어김없이 잎으로 솟아났다

그대 흔들리며 걸어가는 모든 길에도
어김없이 햇살은 비추인다

생의 흔적

조심스러웠다

넘치는 물잔을 옮기는 것처럼
삶은 언제나 위태로웠고
물결이 출렁일 때마다
가다 서기를 반복하는 일상은
더디게 더디게 흘렀다

가야 할 길은 아직 끝이 보이지 않았고
걸어온 길은 너무나 보잘것없었다

엘리베이터 버튼을 누르며

문이 열리고
닫힘 버튼을 누른다
목적지를 누르고
그제서야 마음을 다잡는다

준비하기도 전에
벌써 경기는 시작되었다

삶의 모든 순간이 그러했다

가고자 하는 곳을 알지는 못했지만
문은 열렸고

숨가쁜 우리는 서둘러 걸음을 내디뎌야 한다

새벽안개

누군가의 영혼이 별이 되어 사라졌다
남은 자의 슬픔이 새벽안개로 내려앉는다

보름이면 어김없이 달은 차오르고
미처 전하지 못한 말들이 달빛에 머물러
처연한 귀밑머리 흩날린다

태어나면서 이미 죽음을 향해 가는 우리는
새벽이면 어김없이 눈물로 내려와
기어이 온 나무를 적시고서야 잠이 든다

시간은 흐르고

일상의 하루가 그저 버거웠다
지독한 두통은 시시각각 찾아왔고
그사이 밀려오는 공허함은
애꿎은 추억을 들추었다

살아 있으나 살아 있지 않음이고
죽어 있지만 떠나오지 못한 미련

언제부터인가 시간은
항상 뒷모습만 남겼다

기준

어쩌면 조금 더 관대해도 괜찮았을까

쉽게 결론 내려버린 관계는
씁쓸한 입맛을 남기고 사라진다

머뭇거리다 돌아선 뒷모습으로도
때로는 전부일 수 있다

동굴

누구도 떠민 사람은 없었지만
어제보다 더 깊은 굴을 지었다

사람의 소리로 분주한 일상

모든 것들이
희미한 메아리로 소멸하고
갑자기 세상에 나온 유기견처럼
구석으로 구석으로 파고들었다

어디서부터 잘못된 것인가

배웅

푸른 꽃잎 달빛 아래
찬란히 떨어지면

너는
가을보다 먼저 떠나야 하고

나는
붉은 눈망울로 보내야 한다

사랑은
공유하는 시간만큼 두려움이다

온 힘을 다해

문밖은 이른 겨울 바람이 불었고
나는 옷깃을 단단히 여미고
길을 나섰다

오고 가는 이 없는
길목 어귀마다
달빛 아래 잔영처럼 희미한 너의 그림자

네가 올 수 없는 세상의 모든 길에서
나는 온 힘을 다해 걷고 또 사랑한다

유배

갈라진 땅 위에서 너를 부른다
화려했던 봄은 지나
희망의 새들은 북으로 향하고
향기롭던 들꽃의 기억으로
너를 불러본다

사랑의 혁명에 내 이름 석 자
깃발로 휘날리지 못하여
죄인처럼 나 남겨져
메마른 땅 위에서 너를 부른다

여전히 사랑이라 부른다

기다리지 않기로 하였는데
아직도 내게서
너를 본다

모를 일이다

기다리지 않는다
사랑하지 않는데

기다림이라 읽고
여전히 사랑이라 부른다

흔들리고 있었다

어디에서도 살아 있음을 찾을 수 없어
불현듯 멈추어진 그때
절망에 가득한 몸부림이라도 부려봄이 옳았었다

부르던 모든 소리 비껴가고
비처럼 눈물처럼
한없이 젖어갈 때
뿌리부터 썩어버린 나무가 되어
그렇게 나는

흔들리고 있었다

인연설화1

빗방울이 되어 너는 사라진다
한때 절망을 이겨내던 너의 전신이
깊은 밤 필연의 사슬에 묶여
헤어나지 못한 죽음을 맞이하고
절망 속에 던져진 추억은
결말을 위한 화환이 되어

어느 날 어느 時

너와 내가 다시 물방울이 되어 있다

인연설화2

너를 부르던 눈망울을 나는 잊었다

영혼이 없는 너와의 인연은
불가능한 사랑을 가능케 했던 환각이었으나
그 끝은 고통이었다

너를 가질 순 없는가

유키 구라모토

유키 구라모토의 사랑은 노르웨이 숲을 지나
한강 하류로 이어진다
그리움은 저어새의 하늘 길 따라 흐르고
격정의 피아노 선율마다
너는 머물러 있다

아직도 사랑하느냐 묻거든
여전히 그립다 전하고
그래도 사랑하느냐 묻거든
오늘도 기다린다 전해라

유키 구라모토의 사랑이 노르웨이 숲을 지나
노을로 사라진다

길은 없었다

장벽이 무너졌고
그리운 사람들은 손을 잡았다

보이는 장벽은
무너짐이 다시 희망이었지만
내 안에 장벽은 무너지면 더 높이 솟아났다

길은 없었다

그래서 이 사랑은 비극이다

추억의 질량

그대, 빈자리가 채워지는 시간
어느 순간 부쩍 줄어든 말수와
밀려드는 과거
투영되는 그리움

무섭게 타오르는 불길이었다가
차갑게 마주하는 한풍이었다가
미쳐 널뛰는 마음을 붙잡고 또 하루가 지면

비로소 깨닫는 추억의 질량

전류리에서

전류리 포구에 바람이 분다
철새는 물결 따라 북으로 흐르고
무성한 습지는 남겨진 몫으로 남는다

접근 금지를 알리는 철조망 위로
노을 붉게 피어오르면

말을 잊은 누군가 다가온다

그런 것들로 인해

알아주기를 바라는 욕심
먼저 다가와 주기를 바라던 기대
그런 것들로 인해

사랑은 늘 아팠고
기다림은 상처였고
가난은 마음으로 이어졌다

바람이 불면

그리운 마음보다 먼저 닿고 싶었다

그러나

차오르는 눈물이 가슴을 치는 순간에도
나는 너에게 갈 수 없다